A FORÇA DA MENTE E O PODER DO PENSAMENTO

Henry Thomas Hamblin

A FORÇA DA MENTE E O PODER DO PENSAMENTO

© Publicado em 2014 pela Editora Isis.

Título original: *The Power of Thought*

Tradução: Maria Lucia Accacio
Revisão de textos: Liliane Mendes
Diagramação e capa: Décio Lopes

DADOS DE CATALOGAÇÃO DA PUBLICAÇÃO

Hamblin, Henry Thomas
A Força da Mente e o Poder do Pensamento/Henry Thomas Hamblin | 1ª edição | São Paulo, SP | Editora Isis, 2014.

ISBN: 978-85-8189-038-8

1. Esoterismo 2. Autoajuda I. Título.

Proibida a reprodução total ou parcial desta obra, de qualquer forma ou por qualquer meio seja eletrônico ou mecânico, inclusive por meio de processos xerográficos, incluindo ainda o uso da internet sem a permissão expressa da Editora Isis, na pessoa de seu editor (Lei nº 9.610, de 19.02.1998).

Direitos exclusivos reservados para Editora Isis

EDITORA ISIS LTDA
www.editoraisis.com.br
contato@editoraisis.com.br

SUMÁRIO

Introdução 7

I. O pensamento como causa da ação............................... 11

II. Vítimas da ignorância 19

III. Vítimas da sugestão 25

IV. O segredo de vencer modelando e formando a vida
como se fosse argila nas mãos do ceramista................... 33

V. Somos criadores do nosso próprio mal?........................ 45

VI. Pensar corretamente, a retidão e atitude são
a base do sucesso e da prosperidade 51

VII. Efeito do pensamento sobre a saúde 59

VIII. O poder da atração do pensamento 69

IX. O controle do pensamento e o logro do espiritual 75

X. O meio de conquistar o medo 83

XI. Não há que exigir, senão obedecer 89

XII. Primeiros passos 95

INTRODUÇÃO

O poder do pensamento, como disse Emerson, é um poder espiritual. É o maior dos poderes que o homem tem à sua disposição.

O mundo atual, no seu estado presente, é apenas o resultado do pensamento coletivo da humanidade; cada país, no seu estado atual, quer seja de paz e prosperidade ou miséria, crime e anarquia, é o resultado do seu pensamento como país, e cada indivíduo é como é. Sua vida é o que é, e as circunstâncias que o rodeiam são como são, simplesmente, como resultado dos seus pensamentos.

O homem converte-se no que pensa, o que homem pensa torna-se um manancial de forças que alimentam todas as suas ações e atrai para ele as circunstâncias e os ambientes onde atuará.

O que o homem pensa determina o tipo de amigos e companheiros que o rodearão, decide se ele será feliz ou desafortunado, terá sucesso ou fracasso, será afortunado ou desafortunado, terá prosperidade ou será apressado pela pobreza, será odiado ou amado; o que um homem pensa pode fazê-lo vencer o destino ou favorecer sua fatalidade, pode fazê-lo caminhar ao longo do seu glorioso destino ou convertê-lo num proscrito e vagabundo sem rumo pelos desertos lugares do mundo.

Realmente, não há limite para o poder do pensamento, porque ele é um poder espiritual de grande potência. É o poder que distingue o homem do bruto, é o poder pelo qual podemos ascender a Deus.

É o poder que pode transformar em vitória o fracasso na batalha da vida.

É o poder que pode tornar possível alcançar as realizações mais elevadas.

É o poder com o qual podem ser vencidas todas as dificuldades, transcendidas, as desvantagens de nascimento e as hereditárias, e inspirada e saturada da energia do poder que Deus nos dá.

Pelo poder do pensamento o homem abençoa-se ou se maldiz. Por ele, leva sua vida ao sucesso ou ao fracasso, à saúde ou enfermidade, à felicidade ou infelicidade, à prosperidade ou à pobreza. Tudo está em sua mente e no caráter dos seus pensamentos.

Qualquer coisa em sua vida ou na minha, que se traduza em desarmonia, torpeza, enfermidade ou infelicidade, é o resultado dos nossos pensamentos desarmônicos.

Vivemos em um Universo em que rege a ordem, mas não reagimos harmoniosamente perante nosso ambiente; não estamos em correspondência com a lei e a ordem ocultas que nos rodeiam.

Não é necessário que o Universo mude seu ritmo; somos nós que devemos mudar. Dentro de nós mesmos está a desordem de nosso mundo individual — porque cada um de nós vive nosso pequeno mundo que nós mesmos criamos — portanto, a desordem e a intranquilidade que nos aflige ou que nos falta e restringe nossa vida, nunca pode vencer-se, a menos que medeie uma mudança de mente, hábitos e pensamentos e de nossa atitude mental.

Tento demonstrar nas páginas que seguem como todos nós podemos nos modificar pela transformação de nossos pensamentos e nossa atitude mental e colocarmo-nos em harmonia com a Divina Ideia. Quando isto for realizado, nossa vida florescerá como um roseiral e poderemos seguir adiante no caminho da paz; as montanhas e colinas prorromperão em cânticos diante de nós, e as árvores da pradaria aplaudirão nossos passos.

CAPÍTULO I

O PENSAMENTO COMO CAUSA DA AÇÃO

Existem uma mente consciente e uma mente subconsciente.

A mente consciente reúne conhecimento e experiência por meio dos sentidos. Aprende com os livros, as conversas e também com a experiência. Raciocina e chega a conclusões. Finalmente, os pensamentos passam para a mente subconsciente.

A mente subconsciente é a mente da ação. É responsável por tudo que fazemos. É o lugar da memória e do instinto. É um depósito de tremendo poder e extraordinária inteligência; leva a cabo os complicados processos que se realizam dentro do corpo e que tornam possível a vida.

O mais sábio e instruído dos homens não poderia nem sequer começar a aprofundar seus maravilhosos poderes; não obstante, conhecemos o suficiente de sua maneira de agir para poder controlar nossas ações, e pelo controle de nossos atos modelamos nossa vida e vencemos aquilo a que chamamos destino.

A mente subconsciente, ainda que seja tão maravilhosamente inteligente e possua tão extraordinários poderes, atua inteiramente por sugestão. Quer dizer, cega e fiel segue os pensamentos que lhe enviam. Portanto, nossos atos dependem do tipo de pensamento que sustentamos.

Se enviamos maus pensamentos à mente subconsciente, o resultado natural será a produção de atos maus e destrutivos.

Se alimentamos pensamentos de debilidade e receio do fracasso, teremos atos que nos conduzirão inevitavelmente ao fracasso.

Por outro lado, se sustentamos bons pensamentos, o resultado será boas ações construtivas, e estes pensamentos, fortes e cheios de fé, produzirão ações vigorosas que levam ao sucesso e à realização.

É impossível ter pensamentos ruins e produzir boas ações; muitos já tentaram. Disseram a si mesmos:

> *Serei respeitoso com os demais e levarei uma vida sem mácula, mas no meu íntimo, alimentarei pensamentos negativos que guardarei em meu coração porque me dão prazer, mas não os deixarei ir mais longe porque sei que a má*

ação conduz ao desastre e ao infortúnio. Portanto, defraudarei até meus melhores amigos. Externamente sei como devo ser, mas, nos meus pensamentos, alimentarei o rancor e o ódio. Minha vida será dupla; para os demais serei uma coisa e no mundo dos meus pensamentos, serei muito diferente. Desse modo, poderei desfrutar do mal nos meus pensamentos e escapar de suas consequências!

Essas pessoas não contam com o poder e a fidelidade da mente subconsciente. Cada pensamento ruim que se mantém e se vê com agrado, atua como uma sugestão poderosa sobre esse paciente gigante, até que não possa ficar quieto e assuma vida sob a forma de uma corrente de más ações, as quais são uma réplica exata dos pensamentos que foram alimentados.

Isto explica, muitas vezes, por que pessoas que mostraram sempre uma conduta exemplar, de repente se desviam e sua vida se desmorona; simplesmente colheram os frutos dos pensamentos semeados. É certo que isso serve para a maioria que alimenta em segredo os maus pensamentos. Não obstante, há aqueles que, por falta de coragem ou de oportunidade, ou não o fazem, ou não podem "desembocar" na corrente dos maus atos.

Por seus maus pensamentos, levantam-se certas emoções que não podem ser satisfeitas e que, portanto, têm de ser reprimidas.

14 | A Força da Mente e o Poder do Pensamento

O efeito dessa repressão é uma crônica falta de saúde que nenhuma perícia médica pode curar, ou melhor, uma enfermidade orgânica que está muito além da arte de curar.

O leitor não deve imaginar que todo aquele que sofre se encontre assim, no caso daquele que alimenta maus pensamentos, mas sua prática é, com certeza, um dos meios pelos quais pode-se, literalmente, destruir-se a si próprio.

Este exemplo foi dado para ilustrar o efeito dos maus pensamentos. A maioria das pessoas já viu casos semelhantes entre seus amigos e suas relações.

Indubitavelmente, a maior parte dos meus leitores deverá estar acima deste modo de pensar, mas a mesma lei atua em qualquer tipo de pensamento que se envia à mente subconsciente.

Há duas categorias de pensamentos: construtivo e destrutivo, às vezes chamados de positivo e negativo.

As ações da nossa vida dependem do tipo de pensamentos que alimentamos e deixamos passar para a mente subconsciente. Se permitirmos à nossa mente aderir-se a pensamentos negativos, destrutivos — e isso, desafortunadamente, é o caso mais frequente, porque não exige nenhum esforço — o resultado inevitável será a ação negativa e destrutiva.

Por outro lado, se elaboramos pensamentos construtivos ou positivos — e para isso se requer um esforço tão grande, às vezes, como subir uma colina –, o resultado natural será a ação positiva. Assim, pois, o homem que dá curso ao ódio e se apega a seus erros, será levado a pensar no crime e a abrigar no seu coração pensamentos desta índole, e chegará o momento em que será impelido a praticar um crime.

Por outro lado, se o mesmo homem trata de despojar de sua mente pensamentos errôneos e mantém a ideia de perdoar, ou, melhor ainda, a do amor, ou mantém pensamentos de boa vontade por aquele que o feriu, sua vida será de felicidade e tranquilidade e, neste sentido elevado, será uma vida coroada pelo sucesso.

Além do mais, um homem que permite pensamentos de temor e de debilidade, que teme que seus negócios vão ser difíceis, que acha que a má sorte o persegue, que receia a competência que não poderá enfrentar, é um homem que, provavelmente, fracassará, porque todas as suas ações serão receosas, permeadas de dúvida e carentes desta força e decisão, que são necessárias para alcançar o sucesso.

Portanto, se esse homem elimina todo pensamento debilitante, todo pensamento de provável fracasso e constantemente fortifica sua mente com ideias que afirmam a possibilidade de sucesso, em outras palavras, enviam fortes sugestões de sucesso à mente subconsciente — ele terá sucesso na vida, porque sua ação será firme e decisiva.

Ao confrontar-se com uma grande dificuldade, poderá ver como de sua mente subconsciente lhe chega uma poderosa energia e estabilizante poder, grande coragem e determinação, tudo isso pelo simples fato de ter sido alimentado por um pensamento correto.

Poderia ser escrito um livro de ilustrações a respeito desta lei, mas em uma pequena obra como a presente, os exemplos dados cumprem sua finalidade.

A lei é imutável, não se pode enganar ou iludi-la. Qualquer coisa que pensemos, mais cedo ou mais tarde se traduz em ação, e como nossa vida depende de nossas ações, pode-se ver que pelo controle dos nossos pensamentos, é possível governar nossa vida.

Controlando nossos pensamentos, governaremos nossas ações; pelo governo de nossas ações poderemos modelar nossa vida e circunstâncias e, assim, modificar nosso destino.

A vida não é uma questão de casualidade ou acidente; não é algo que esteja fora do nosso controle; é, em grande medida, o resultado ou efeito dos nossos pensamentos. Portanto, pelo controle dos nossos pensamentos — e isso, graças a Deus, pode ser feito — podemos governar e dirigir nossa vida até um grau que nos pareça inconcebível alcançar.

Como seres pensantes conscientes, criados, como disse a Bíblia, à imagem e semelhança de Deus, ou em outras palavras, sendo um microcosmo do macrocosmo, possuímos um dos maiores poderes do Universo, e esse poder é o pensamento.

Nossa vida depende de como usamos esse maravilhoso poder. O maquinista faz andar seu trem para a frente ou para trás, ainda que seja o mesmo poder que usa para ambos os casos. Da mesma forma, o pensamento do homem pode ajudar a construir ou a destruir seu próprio caráter, seja usando-o bem ou mal o potente poder do pensamento. Depende de como utiliza este poder, se o emprega para o bem ou para o mal, pois disso resultará uma vida de sucesso, saudável, feliz e harmoniosa, ou de falta de definitivas realizações, verdadeiro sucesso e felicidade.

O homem colhe o que semeia.

CAPÍTULO II

VÍTIMAS DA IGNORÂNCIA

Não creio que possa haver muitas pessoas que elaborem deliberadamente pensamentos negativos. Mas ainda existem.

A maioria das pessoas tem o propósito de fazer o bem e de ser boa (não bonachona).

Não obstante, a maioria de nós é, mais ou menos, pensador equivocado, e isso é devido, assim o creio com firmeza, principalmente à ignorância.

Por não se saber, geralmente, que os pensamentos negativos são altamente destrutivos, nós, ignorantemente, somos indulgentes com eles, pensando que não podem prejudicar-nos.

Na realidade, são muito destrutivos os pensamentos de impureza, ira, desejo de vingança, ódio, ressentimento, inveja, permanência no erro, entrega à aflição, ao fracasso e ao desespero; pensamentos de temor, desalento, debilidade, penúria, enfermidade, mal-estar, decadência, pensar na mortalidade e na morte. Eles destroem a saúde, a felicidade e anulam as circunstâncias e a vida em todos os seus aspectos.

Destroem o sistema nervoso, paralisam a conduta correta, minam a vontade e ajudam a tomar as decisões equivocadas.

Admitir-se-á que isso é uma questão de vital importância, não obstante, nem as crianças nem as pessoas em geral são instruídas em um assunto de tão primordial transcendência.

Por causa dessa ignorância quase universal, a maioria de nós assiste indiferente à presença dos pensamentos negativos, ainda que em detrimento nosso.

Quantos de nós, por exemplo, compreendemos profundamente que é o pensamento o que mata e não a falta de alimento, na maioria dos casos de morte produzida por inanição forçada?

Se uma pessoa comumente não consegue alimento, pode, em poucos dias, encontrar a morte. Não obstante, se uma pessoa jejua voluntariamente para curar-se de alguma enfermidade física, pode fazê-lo se o jejum é conduzido sabiamente, por quarenta ou mais dias, não só sem prejuízo próprio, mas até obtendo resultados altamente benéficos para sua saúde.

Como é que no primeiro caso, alguns poucos dias de jejum forçado terminam na morte, enquanto o jejum voluntário de seis semanas ou mais traz resultado positivo? A resposta é, naturalmente, que o que mata é o estado da mente e o caráter dos pensamentos e não a falta de alimento no caso mencionado.

Além disso, após uns poucos dias de "inanição", uma pessoa se sente em estado de grande debilidade e prostração. Não obstante, aquele que se submeteu voluntariamente ao jejum, no geral, continua seu trabalho e é só na última etapa que trabalha menos do que o habitual.

Certo respeitável cavalheiro, que recentemente jejuou durante quarenta ou cinquenta dias, de cujos detalhes foram registrados em diários, não só acabou suas tarefas habituais, como também agregou a isso o fato de ter escrito durante esse tempo um livro, cujo tema requeria grande concentração e esforço mental.

Este caso contrasta com o de um homem que, após vários dias de inanição, ficou reduzido a uma condição de colapso e esgotamento tal, que, prontamente, seguiria o quadro da morte, cujo exemplo nos mostra quão grande é o poder da mente e do pensamento.

No caso de "inanição", o homem pensa que está morrendo por falta do que comer e que em consequência, sua morte está próxima.

O outro praticante pensa que seu jejum melhorará sua saúde e esta melhora como consequência disso, até chegar a vencer as enfermidades (assim chamadas) incuráveis.

Ultimamente, alguns diários têm informado sobre muitos casos de pessoas importantes que se submeteram a longos jejuns e, com isso, lograram recuperar a saúde rapidamente.

De modo algum, não se trata de novidade. Tenho conhecimento de que esse método de cura é reconhecido em certos círculos há mais de um quarto de século, ou talvez mais tempo, mas seu aspecto mental parece não ter sido valorizado totalmente.

Não há nenhuma razão para que um homem em estado de inanição, que tenha sido bem alimentado anteriormente, não possa viver o mesmo tempo que aquele outro que está jejuando e assim poderia fazê-lo, se pudesse controlar seus pensamentos e pensar do mesmo modo como o faz aquele que jejua.

Antes de tudo, porém, devia estar convencido de que jejuar é benéfico para a saúde, o que não seria fácil, porque a ignorância e o preconceito são difíceis de abandonar.

Também, pelo fato de o homem estar inclinado a considerar o futuro com ansiedade, é provável que se sinta consumido pela aflição, temendo que não possa conseguir alimento depois de haver transpassado o limite benéfico que pode tê-lo brindado o jejum.

O resultado disso tudo, porém, é que não é a abstinência de alimento que o mata, mas antes o seu estado mental.

São os pensamentos cheios de temor que matam, assim como os pensamentos e a espera pela cura mantidos por aquele que jejua lhe dão vida, fortaleza e habilidade para seguir seu trabalho.

Não se deve presumir por estas poucas observações que esteja a favor dos jejuns descontrolados, porque um jejum mal feito pode produzir muitos danos.

Jejuar em certos casos é benéfico, contudo, deve ser feito sob uma experiente supervisão. Também há muita ignorância sobre outro ponto, que se relaciona com a possibilidade de controlar o pensamento.

Não se sabe, geralmente, que os pensamentos podem ser controlados e regulados como se fossem um policial que controla e regula o trânsito. Basta levantar a mão, por um momento para que o tráfego atrás dele pare, permitindo a passagem dos veículos que vêm pela rua transversal.

Nossos pensamentos podem ser controlados e regulados do mesmo modo. Os pensamentos indesejáveis, destrutivos, podem ser detidos, enquanto os pensamentos desejáveis e construtivos podem ser alentados a passar.

Dizemos: *Não pode você evitar esses pensamentos, não é assim?* Muitos aceitam que alguém não possa controlar os próprios pensamentos.

Não compreendem que alguns podem deliberadamente mudar o tema dos pensamentos, do mesmo modo como mudam o tema de uma conversa.

Todos nós variamos os temas de uma conversa quando ela nos parece desagradável, mas quantos de nós mudamos o tema dos nossos pensamentos do mesmo modo deliberado, pelo exercício da nossa vontade?

Não obstante pode-se fazer quase tão facilmente, com apenas fazê-lo, em vez de pensar e dizer que não podemos fazer.

Não só é possível mudar o tema dos nossos pensamentos, como também deixar de pensar totalmente. Ambas as coisas são o ponto crucial de algo de elevado valor e devem ser adquiridas pela prática e pelo autocontrole; até o mais fraco de nós poderá adquiri-las se persistir tranquilamente no seu esforço.

Não necessitamos ser inteligentes, ou altamente dotados, ou sair do comum. Certamente, podemos estar muito mais abaixo do nível comum mental, da força de vontade e dos dotes intelectuais; contudo, se temos perseverança, com o correr do tempo poderemos conquistar nossos pensamentos.

E quando governamos nossos pensamentos chegamos a ser amos de nós mesmos; e quando temos o domínio de nós mesmos o temos também da vida; não pela oposição à disciplina, que significa suas experiências, mas manejando-as do melhor modo possível, mantendo uma mente calma e firme, uma fé tranquila e um espírito inalterável.

CAPÍTULO III

VÍTIMAS DA SUGESTÃO

Todos somos mais ou menos vítimas da sugestão.

Os indivíduos de mente forte e carentes de escrúpulos utilizam a sugestão para aproveitar-se dos outros.

O conselheiro na Corte disse à testemunha: *Sugiro a você...* E logo segue a sugestão que pode não ser verdadeira ou falsa, inclusive, mas que não obstante, pode vencer ou confundir uma testemunha, assim como destruir a evidência de uma prova.

Assim é como uma mente forte domina uma fraca: pela força da vontade e a sugestão.

O hipnotizador sugere a sua vítima que uma peça de metal fria aplicada sobre suas costas despidas é um pedaço de ferro candente, imediatamente a pele se chamusca e forma-se uma bolha como realmente se tratasse de um ferro escaldante. Ou pode sugerir ao indivíduo que um copo de parafina é uma deliciosa limonada, e este bebê-la, pensando que realmente é uma limonada.

Assim, com estas e outras maneiras variadas, o hipnotizador demonstra o quão poderosa é a sugestão.

Creio que em um dos livros do doutor Schofield, foi relatado o caso de dois médicos muito conhecidos, que para provar o poder da sugestão, encontrando-se num restaurante, chamaram um dos presentes e lhe disseram que estava seriamente enfermo e que deveria ir para casa e deitar-se. O homem, conhecendo a reputação de ambos os médicos, acreditou, foi para sua casa, pôs-se de cama e morreu.

É claro supor que nenhum dos médicos esperava outra coisa dele, senão uma ligeira indisposição, o que apareceria como uma ação pouco sensata e repreensível, mas nunca como a gravidade que ocorreu.

Alguns dias atrás, disseram-nos nas páginas de um dos nossos jornais, que devemos tomar tal ou qual pílula. Podemos não prestar atenção à sugestão durante anos, talvez, não obstante, cedo ou tarde, encontramo-nos tomando a pílula ou aconselhando alguém que a tome.

Vemos um homem com olhos lacrimosos, nariz gotejando e recorrendo ao lenço. Ao vê-lo, lembramo-nos de um resfriado e o resultado, se não tivermos a mente positiva, é que a nós também nos atacará logo um forte resfriado.

Somos afetados pela sugestão de mil e uma maneiras. Nós a recebemos pela visão, pela audição, pelo paladar, pelo olfato e pelo tato. Somos suas vítimas a cada momento, salvo se aprendermos a tornar nossa mente positiva e à prova de qualquer sugestão, seja qual for sua forma.

Não tenho espaço aqui para fazer menção dos modos pelos quais somos, inconscientemente, afetados e influenciados pela sugestão. As informações que aparecem nos jornais e revistas sobre medicina de uso popular são o mais potente e poderoso meio de sugestão.

Já mencionei o efeito que produz um comprimido que nos foi recomendado e passamos a tomá-lo em nosso cotidiano. Mas as ideias modernas de publicidade acerca de produtos médicos "maravilhosos" e drogas prejudiciais deixam longe os referidos métodos e sua força sugestiva, levando ao campo negativo.

Quadros de pessoas resfriadas e de outras dobradas por terríveis dores, só podem ter um efeito, isto é, fazer com que imaginemos que sofremos do mal mencionado.

Lembro-me que quando jovem, ao ler um anúncio do dia com o cabeçalho: *É esta a nova enfermidade que nos aguarda?*, fui de tal forma afetado que cheguei a convencer-me de que estava com a doença anunciada e logo cairia gravemente enfermo, caso não comunicasse aos meus pais o meu temor. Nunca me esquecerei dos risos que lhes provoquei com a minha confissão. Parecia que nunca iam parar de rir. Mas ao rirem dos meus temores, consegui manter a mente positiva para todos os anúncios de remédios que logo chegaram à minha vida.

Muitos dos meus leitores terão lido os relatos humorísticos de Jerome K. Jerome, que conta as experiências que passou ao ler os sintomas explicados num livro de medicina. Disse que na época em que terminou o livro, achava que estava com todas as enfermidades existentes, exceto a bolsa que se formava nos joelhos das serventes que limpavam as calçadas da cidade.

Está escrito, sem dúvida, para causar risos e diversão, mas contendo sua lasca de verdade, que, se fosse compreendida pelas massas, faria com que os traficantes de medicinas "maravilhosas" fechassem seus negócios.

Existe, portanto, a chamada "sugestão das massas". Todos nós sentimo-nos inclinados a seguir os pensamentos da multidão e ter as mesmas emoções que governam, em certo momento, as massas populares.

Para uma pessoa positiva é muito fácil manejar os pensamentos e as emoções de uma multidão. É difícil para uma pessoa que se encontra na multidão não se deixar levar por ela. Por esse motivo, pessoas que comumente são sensíveis, nas festividades históricas sentem-se unidas às manifestações de regozijo.

Também é a razão pela qual a pessoa que é paciente e incapaz de causar danos a alguém na vida particular, pode, unida à multidão, cometer atos de violência e desordem.

É que, simplesmente, o indivíduo torna-se preso à emoção das massas, influenciando-se tão fortemente que se deixa levar por ela.

De fato, existem pessoas que são mais facilmente influenciáveis por sugestões do que outras. Alguns são impassíveis ou fleumáticas e ante uma sugestão qualquer quase não são afetadas. Outras, pelo contrário, são mais sensíveis e muito nervosas. São facilmente influenciadas pela sugestão de qualquer coisa, tornando-se presas fáceis, antes que aprendam a resistir a elas.

Esse tipo de pessoa costuma pensar que é "insociável" e que a vida não jogou limpo ao fazê-la tão sensível. Não necessita, porém, compadecer-se disto, ou melhor, deveria agradecer, porque é a que mais pode beneficiar-se com a sugestão, quando a utiliza apropriada e cientificamente.

Finalmente, chegamos ao tema da tentação.

Todos nós somos tentados de um ou de outro modo.

O que pode tentar alguém severamente, pode não afetar o outro em absoluto, mas cada um é tentado de alguma forma peculiar, colorida pelo próprio temperamento.

O que é a tentação, senão a sugestão? Não é necessário arguir sobre de onde ou de quem nos chega a sugestão; cremos que é mais que suficiente o saber que somos suas vítimas até que aprendamos a resistir a ela com sucesso.

Não há sugestão mais sutil do que a tentação.

Tem tanta manha que aparece como impossível de ser notada de algum modo. Ainda em nossos melhores momentos, quando nos sentimos inclinados a atos nobres, surge em nós a sugestão de ideias e motivos de natureza inferior.

Se não queremos cair, devemos exercer uma eterna vigilância. E é por essa causa que nos foi dito no maior de todos os livros e pelo maior de todos os mestres: *Vigiai e orai para que não caia em tentação.*

Ao concluir este capítulo, permitam-me que toque no ensinamento daqueles que declararam que quase todas as coisas são produtos da sugestão.

Sua teoria é que nós e tudo o que constitui nossa vida é resultado da sugestão. Portanto, dizem que a pobreza é o resultado de aceitar a sugestão de pobreza; a doença vem de aceitar a sugestão de doença; a aflição é o resultado de ter aceitado a sugestão da aflição e segue assim.

Para enfrentar essas sugestões recomenda-se uma autossugestão de natureza oposta. À pessoa curvada pela pobreza é aconselhado que faça para si mesma, no momento de dormir, toda sugestão de riqueza, prosperidade e plenitude. Se a mente subconsciente, ou inconsciente, como preferem alguns, aceita a sugestão, a pobreza termina.

A pessoa doente faz o mesmo, utilizando sugestões de saúde, com um prazeroso resultado similar, ou subconsciente, ou poder mental interno, aceita a sugestão que se fez.

Tudo isso poderá parecer para a maioria dos leitores como algo inoperante e enganoso. Não obstante, ainda que o leitor não esteja preparado para aceitar tais ensinamentos na forma crua exposta, há nelas um apreciável grau de verdade.

Apesar disso, não é aconselhável utilizar a mente subconsciente dessa forma. Muitos indivíduos sofrem hoje em dia os efeitos de experimentos feitos sem conhecimento ou experiência.

CAPÍTULO IV

O SEGREDO DE VENCER MODELANDO E FORMANDO A VIDA COMO SE FOSSE ARGILA NAS MÃOS DO CERAMISTA

Por que é tão importante o pensamento correto?

É importante porque influencia nossas ações e constrói um caráter e uma mente forte.

É importante porque dele depende o bem-estar e o sucesso de toda nossa vida.

É importante porque com a retidão do pensamento podemos vencer a sugestão perniciosa.

Antes de mais nada, temos de compreender profundamente que nosso pensamento é a causa das nossas ações e decisões.

Em grande medida por esta causa, nossas circunstâncias dependem de nossos pensamentos. Por exemplo, se não vencermos as dificuldades da vida em nossos

34 | A Força da Mente e o Poder do Pensamento

pensamentos, não poderemos nunca vencê-las na vida real. Com isso quero dizer que devemos enfrentar valentemente as dificuldades e conquistá-las no pensamento, se é que queremos vencê-las de verdade.

De certo modo, é bom aconselhar as pessoas que não se acanhem em seus temores e pensem, entretanto, em coisas prazerosas. Mas se a pessoa está exposta a criar um hábito de pensar tão daninho como o de alimentá-lo com aflição e preocupação irresoluta, esta aplicação negativa do que se chama um bom conselho é responsável pelo fracasso de quem diz: *Eu experimentei o pensar correto, mas não encontrei nenhuma diferença*. A razão do *não encontrar diferença* é porque não foi correto o pensar em absoluto, mas sim, uma forma equivocada de pensar.

Tal pessoa afirma: *Nunca deixo surgir pensamentos errôneos acerca das minhas dificuldades; rejeito todo pensamento sobre elas.*

Assim é, e justamente nisso jaz a total dificuldade.

Em lugar de enfrentar ousadamente as preocupações da vida e conquistá-las em pensamento, fugimos delas.

Assim como a mente enfrenta um pensamento desagradável, um pensamento de algum dever enfadonho que temos de cumprir, uma crise que temos de afrontar, ou uma dificuldade que temos de vencer, a mente faz espionagem e sai disparada em busca de algo prazeroso.

Aquele que diz: *Nunca penso em minhas dificuldades* e se desvia dos seus pensamentos desagradáveis, o que está fazendo é não vencer nunca as dificuldades reais que se lhes apresentam.

Na verdade, o que ele considera correto pensar, faz com que não saiba tomar decisões e enfrentá-las firme e sensivelmente.

Devemos vencer primeiro nossos pensamentos, se quisermos realmente vencer na mesma experiência.

O mundo poderia ser dividido em dois tipos de pessoas: as que conquistam a vida e as que são vencidas por ela.

Os indivíduos que superam as dificuldades da vida são aqueles que o fazem primeiro em pensamento.

Os vencidos pelas dificuldades são os que não venceram antes em pensamento.

Se alguém não praticou deliberadamente a vigilância dos pensamentos desagradáveis, substituindo-os rapidamente por outros prazerosos, continuará no aspecto passivo, quer dizer, fracassará na sua intenção de vencer, no pensamento, a dificuldade que se lhe apresenta na vida real.

O segredo de vencer radica em alcançar a vitória antes no pensamento.

Se continuamente vencermos no pensamento, desenvolveremos uma mente cheia de firmeza. Sem uma mente forte é impossível sair vitorioso na batalha da vida.

Por outro lado, não há dificuldade que não tenha solução humana, que não possa ser vencida por uma mente firme.

Com certeza, se uma mente forte é dirigida para determinado objetivo, não só terá sucesso, mas também poderá realizar as coisas mais notáveis, superando tudo o que pode ter visto ou esperado antes.

A mente torna-se poderosa, aumentando em fortaleza continuamente, por meio do método de ir de encontro às dificuldades no pensamento; enfrentando -as decididamente e logo pondo o peso da mente e da vontade atrás para apoiar-se. Então, o "homem total" avança, atravessando a dificuldade e chegando ao outro lado vitoriosamente.

Isso gera poder interno, que é cumulativo.

Quando nos vemos confrontados com a dificuldade do viver diário, ajuda-nos para alcançar o sucesso. Tudo isso é muito diferente de atormentar-se pelas coisas.

Atormentar-se é destrutivo. Aflitos por nossas dificuldades, não só estimulamos o temor, uma das emoções mais destrutivas, mas também criamos hábitos no cérebro em torno do que nossos pensamentos giram em interminável repetição.

Pela prática da aflição, o cérebro fica assim configurado ou construído, de modo que a preocupação e a aflição chegam a ser um hábito. Quer dizer, tão logo como faz sua aparição, um pensamento de alguma preocupação ameaçadora, ou algo que não vai bem em nossa vida ou trabalho, ou pensamentos de que alguma coisa foi ruim, ou sairá errada, ou tememos que possa resultar prejudicial, então, imediatamente, as células utilizadas para a aflição, completamente carregadas de energia nervosa, esperam para explodir e os pensamentos vão e retornam ao redor desses hábitos criados por nós mesmos. Portanto, produz-se o adeus à nossa paz mental, ao sono e, às vezes, à nossa saúde.

Algumas pessoas são de natureza depressiva. Herdaram-na dos pais. O autor desta obra é um deles. Outras pessoas, entretanto, jamais se preocupam.

Se fossem sentenciadas à morte, seriam capazes de sentar para ler um livro e, provavelmente, se tivessem o executor ao seu lado, diriam: *Quer esperar um ou dois minutos até que termine de ler este capítulo?*

Uma pessoa do meu conhecimento foi informada de que estava sofrendo de uma doença que terminaria por fazê-la perder um dos sentidos.

— Bom, agora — disse-lhe –, você deve tratar de não se afligir com isso.

Ela riu com uma risada franca e respondeu:

– Não me preocuparei, não pertenço a uma família que se aflija; recebemos as coisas como vêm e vemos que não são tão terríveis depois de tudo. Sempre são compensações.

Isso demonstra a surpreendente diferença que existe entre a natureza e o temperamento DAE todos.

Penso, não obstante, que é muito maior a proporção de pessoas que se preocupam do que aquela que não o faz. Mas, ainda que não devamos afligir-nos por nossas preocupações ou temores imaginários, devemos, por outro lado, enfrentá-los decididamente em nosso pensamento e vontade. De maneira alguma devemos fugir, porque isso provavelmente é a mais negativa e destrutiva das atitudes.

Aqueles que não enfrentam suas dificuldades e que se mantêm escapulindo-se, sem buscar a saída real, são, geralmente falando, os que sofrem das maiores aflições. Evitando a saída verdadeira no pensamento, aumenta-se o motivo da preocupação.

Com risco de ser repetitivo, devo insistir novamente sobre essa importante e vital verdade de que devemos vencer no pensamento.

O que nos propõe este ensinamento é meramente nos desfazer das preocupações da nossa mente e pensar em coisas prazerosas. Permitir-nos sonhar despertos pode ser positivo, mas a pratica continuada poderá trazer algo negativo.

Aplicado de forma negativa, debilita a vontade, tira-nos a iniciativa e destrói nosso poder de decidir e atuar.

Em vez de evitar a saída cada vez que um pensamento de preocupação ou dificuldade ameace aparecer em nossa consciência, devemos enfrentá-lo valentemente, afirmando assim nossa habilidade para vencer e sairmos vitoriosos.

Se cada vez que um pensamento surge, fizermos frente a ele, demonstrando nosso poder e capacidade de vencer e alcançar o trunfo sobre ele, quando chegar o momento de o enfrentarmos perante a realidade, vamos nos encontrar com o poder de vencer e sairemos vitoriosos ante a própria experiência. Acharemos que nossa mente é firme e que tem uma reserva de poder que vai nos surpreender.

O fato de enfrentar os pensamentos de fracasso, dificuldade e temor no modo indicado tem seu efeito sobre a mente subconsciente. Ela recebe uma diretiva definida e realiza o que se espera da sua ação. Ao ser um fiel servidor, não nos falha.

Essas afirmações podem ser de várias classes e, necessariamente, devem variar de acordo com o tipo da pessoa que as utiliza.

Para alguns, toda afirmação que não tenha caráter bíblico ou devocional não lhes prestará nenhuma ajuda.

Para outros, uma afirmação do tipo "religioso" não lhes servirá de nada, enquanto uma forma mais psicológica poderá resultar-lhes satisfatória. Cada um deverá escolher a forma que mais lhe agrade.

Quem começa com uma forma psicológica pode, finalmente, adotar uma modalidade religiosa ou devocional. A forma que nos atrai no "presente momento" é a forma correta no momento presente. Portanto, quando uma pessoa dotada de mente religiosa se encontra com um pensamento relativo a uma dificuldade, prova ou temor, deve enfrentá-lo valentemente com o pensamento oposto ou a afirmação:

Posso fazer todas as coisas por meio de Cristo, que me fortalece; portanto, avançarei por meio dessa preocupação no poder de Cristo, que é meu, para poder usá-lo agora e sempre.

Ao mesmo tempo pode imaginar-se atravessando a dificuldade impelido por invisíveis poderes. Com o passar do tempo, vai formar um hábito mental de poder fazer frente a todas as dificuldades e temores mentalmente, em um vitorioso impulso. Em lugar de escapar mentalmente, as dificuldades são enfrentadas natural e habitualmente com sentimento de sair vitorioso no ataque.

Quem age assim, torna-se muito forte, firme, perseverante, persistente e demonstra um "grande" caráter.

Outro tipo poderá não ser capaz de usar uma forma de afirmação religiosa, mas poderá utilizar algo similar de forma diferente. Por exemplo, enfrentar o pensamento de temor ou preocupação repetindo, simplesmente, as palavras *sucesso*, *vitória*, *superação*, e ao mesmo tempo imaginando que está vencendo triunfalmente a dificuldade, o temor sustentado, e que está fortalecido por poderes que não compreende, mas que surgem dentro dele mesmo.

Pelo cultivo desse hábito mental, a vida muda em grande proporção, simplesmente porque o caráter é melhorado, além de todo conhecimento.

Em vez de as dificuldades da vida o derrotarem, o estudante triunfará sobre elas.

Quando alcançar a vitória, encontrará novos campos para conquistar novos desafios, e belos panoramas vão se abrir diante de seus olhos. Vê que pode modelar e projetar as linhas do seu caráter e por esse meio, modelar e dar forma à sua própria vida.

Algumas pessoas pensam formando quadros mentais. A natureza da sua vida e o caráter das circunstâncias que as rodeiam dependem do caráter de suas imagens mentais. Portanto, se são de preocupação, temor, fracasso etc. devem ser vertidas à imagem oposta.

Muitas pessoas são dadas, naturalmente, a imaginar quadros mentais negativos. Quando pensam no aluguel já imaginam que não vão poder pagá-lo, e em suas tremendas consequências veem-se obrigadas a vendas forçosas, ao desalojamento e coisas parecidas.

Quando pensam nos negócios, se são proprietários, veem um quadro de falência e diante de tribunais, sendo interrogados por um fiscal.

Se pertencem à classe média e são empregadas, imaginam que estão sem emprego, que ficam sem lar e que passam a ser um dos tantos milhares de desocupados à procura de emprego e sofrendo todos os males e desconforto que tal posição acarreta.

Se presenciam um acidente, veem-se como vítimas, esfoladas e feridas.

Se virem ou lerem algo sobre um hospital, já se veem internadas, sujeitas a uma tremenda operação ou dizendo adeus a seus parentes, chorosos no momento de despedir-se para ir a um não menos terrível e desconhecido mundo.

Desafortunadamente, permitir que tais imagens ocupem a mente pode provocar a atração das mesmas condições que temem e visualizam, sendo, portanto, da maior importância que todas essas imagens mentais negativas sejam invertidas à sua forma positiva oposta.

Por este meio, não só são evitados os efeitos daninhos que tais quadros mentais podem produzir, senão que, por sua vez, podem estabelecer-se os estados positivos, passando a ser nossos na experiência diária.

Se, em lugar das imagens mentais de fracasso, pobreza, desastre, acidente, doença e morte se transmutam em quadros de sucesso, prosperidade, saúde, proteção contra o perigo e uma feliz velhice, os desejáveis estados tendem a manifestar-se na vida em lugar dos indesejáveis, que teriam aparecido se houvéssemos atuado de outro modo.

Por exemplo, se em lugar de imaginar que somos destituídos dos nossos bens pela justiça, ou ter de vender tudo por não pagar, mantemos um quadro mental de renda paga, um confortável lar, sem preocupações, este estado de coisas facilmente se manifestará — muito mais talvez do que era de se esperar.

Formar imagens mentais é provavelmente o mais poderoso meio de pensar e a este pensamento se deve dar a maior importância.

O efeito do seu cultivo é produzir um estado positivo da mente, uma condição de coisas desejáveis. Ele também constrói o caráter, tornando-nos fortes onde antes éramos débeis e nos fazendo capazes de realizar muitas coisas que anteriormente éramos incapazes de empreender.

CAPÍTULO V

SOMOS CRIADORES
DO NOSSO PRÓPRIO MAL?

Vivemos em um Universo cheio de maldades, e somos as vítimas de um duro e maligno destino?

Ou vivemos em um Universo regido pela ordem cujo princípio subjacente é a ajuda e o amor?

Não podemos evitar que a maioria de nós pense que o primeiro é o certo e não o último. É por essa razão que acolhemos temores subconscientes; devido a eles somos pessimistas, ainda que externamente tenhamos a aparência contrária.

Quem pode dizer quão horrendos efeitos são produzidos por esse pessimismo interior?

Como já disse, um mau pensamento tende a produzir o mal.

Um pensamento sobre o fracasso atrai o fracasso; um pensamento sobre uma enfermidade tende a produzir a doença e assim sucessivamente.

46 | A Força da Mente e o Poder do Pensamento

O que se necessita é mudar o modo de pensar para que, assim, a mudança do pensamento se produza quase automaticamente.

A realidade do assunto é que vivemos em um Universo ordenado, porém nós não somos ordenados.

Não estamos em correspondência com o ambiente real que nos rodeia.

O ambiente que nos rodeia mostra-nos um Universo perfeito e ordenado. A lei oculta da vida é o amor e a cooperação.

O biólogo Rheinheimer ensina que em toda a natureza, seja planta ou animal, quando esta lei de cooperação é obedecida, o resultado que se segue é a saúde, o progresso, e quando ela é transgredida vem a enfermidade e a desordem. Isto é, quando se seguem práticas de rapacidade e parasitismo, em lugar de entregarem-se ao serviço e à cooperação.

Primeiro, temos de crer que vivemos em um Universo ordenado e que a vida está baseada no amor. Temos, também, de crer e reconhecer que a causa do nosso próprio mal ou da desordem de nossa vida encontra-se em nós mesmos. O certo do assunto é que não estamos em harmonia com a vida e não vivemos obedecendo sua lei fundamental.

Harmonia, paz, verdadeiro sucesso e vida livre de preocupações são possíveis só em proporção ao grau de correspondência que nos colocamos na vida, no Universo ordenado em que vivemos e onde trabalhamos em conformidade com a lei da vida e do Universo, que é o amor ou a assistência cooperativa.

Chegará o tempo, como nos disse o profeta Isaías, que esta lei será universalmente observada; ... *quando o leão comerá o mesmo alimento que o boi e quando não se ferirão nem destruirão em toda minha santa montanha; porque a terra estará plena do conhecimento do Senhor, igual às águas que cobrem os mares.*

Este ideal estabelece um longo caminho que se há de percorrer, mas nós, que conhecemos a verdade, podemos colocá-lo em prática aqui e agora.

Fazendo-o, não falharemos em levar harmonia e paz à nossa vida, até um ponto que não poderia ser descrito.

Podemos agradecer ao Céu cada dia que vivemos em um Universo ordenado.

Podemos orar diariamente para que sejamos capazes de estar em correspondência com Ele.

Podemos pensar e atuar todos os dias de acordo com seu princípio subjacente ou com a lei da cooperação e serviçal assistência.

Nosso primeiro pensamento em cada circunstância da vida não será ... *que posso conseguir dela? Ou ... quanto posso ajudar?*

Naturalmente, isso é uma tolice de acordo com as normas mundanas comuns, mas é realmente a mais elevada sabedoria e conduz ao sucesso de uma vida verdadeiramente harmoniosa, com satisfação e paz.

Certa vez, havia um sábio que vivia num povoado pequeno, a quem muitas pessoas iam vê-lo em busca de conselhos e informações. Em um desses dias, um recém-chegado foi até o lugar onde o sábio estava e perguntou-lhe:

— Que classe de pessoas vive aqui?

O sábio respondeu com outra pergunta:

— Que classe de pessoas vive no povoado de onde você vem?

O recém-chegado replicou:

— São miseráveis, hostis, mesquinhos, sem sentimento de comunidade, e é muito difícil conviver com eles.

— Bem — disse o sábio — essa mesma classe de gente encontrará aqui também.

Em pouco tempo, outro visitante fez-lhe a mesma pergunta:

— Que classe de pessoas vive aqui?

O ancião replicou perguntando:

— Como eram as pessoas do lugar de onde veio?

O segundo forasteiro respondeu:

— Eram pessoas esplêndidas, bondosas, bons amigos e cheios de bondade. Sinto tê-los deixado.

— Então — disse-lhe o sábio — as mesmas pessoas encontrará aqui.

Isso é um exagero, poderão pensar, mas contém uma grande verdade.

Nosso mundo individual — porque cada um de nós vive num pequeno mundo da sua criação — é o reflexo da nossa vida mental. Vivemos entre o ódio e a discórdia ou entre o amor e a harmonia, conforme nossos pensamentos.

Nossa vida enche-se de mal à medida que deixamos de harmonizar-nos com a ordem Divina, que é a única realidade.

A vida é essencialmente boa, ainda que contenha muitos revezes e desgostos. Muitos deles, não obstante, são da nossa própria criação.

Colhemos na metade da nossa vida e na velhice o fruto dos erros e dos pecados da nossa juventude. A vida é boa, mas é uma modeladora do caráter.

Se nos colocarmos em harmonia com ela, suportando voluntariamente suas disciplinas, evitamos muita miséria e sofrimento. Em outras palavras, deixamos de criar nosso próprio mal.

CAPÍTULO VI

PENSAR CORRETAMENTE, A RETIDÃO E ATITUDE SÃO A BASE DO SUCESSO E DA PROSPERIDADE

As pessoas que têm sucesso na vida possuem um determinado tipo de mente. É certo que têm ambição, visão e poder diretivo, capacidade de trabalho e uma poderosa vontade. Além do mais, nunca se dispersam em muitas coisas e aproveitam cada oportunidade que se lhes apresenta. Pensam em termos de sucesso e realização, abundância e prosperidade.

A vida tende, no curso do tempo, a expressar o tipo de pensamento habitualmente sustentado. Se pensarmos assiduamente sobre o sucesso e a prosperidade, cedo ou tarde expressaremos em maior ou menor grau essas coisas em nossa vida. Quer dizer, alcançaremos o maior sucesso possível, em nosso caso.

52 | A Força da Mente e o Poder do Pensamento

Nem todos podemos chegar à copa mais alta da árvore, mas cada um de nós pode localizar-se da melhor maneira possível, de acordo com o que lhe permita seu particular engenho para isso. Com exceção daquela pessoa peculiar que pensa que pode fazer qualquer coisa, ainda que não faça nada apropriadamente.

Podemos realizar tudo o que nos propusermos a fazer de forma muito melhor do que imaginamos. Existem em nós habilidades ocultas, não concebidas e que nem sequer sonhamos que podemos possuir.

Nossa capacidade parece aumentar à medida que cresce nossa responsabilidade. A vida chama-nos para grandes sucessos! E o poder e a habilidade necessários chegam-nos numa forma surpreendente e, provavelmente, muito mais para nossos amigos.

Conversei, a propósito desse assunto, com um grande número de pessoas fracassadas. Por pessoa fracassada quero me referir àqueles indivíduos que, apesar de um sensato e duro trabalho com desejo de progredir, caem sempre no abismo do fracasso, não importa quantos possam ajudá-los, apesar das esplêndidas oportunidades postas em seu caminho.

Em todos eles encontrei sempre o mesmo tipo de hábito no modo de pensar. Pensam em termos de penúria e derrota. É por essa razão que todas as suas ações e decisões, sem que o saibam, são de uma classe tal que os levarão à condição penosa e ao fracasso.

Homens de igual habilidade não são igualmente afortunados. Pode aparecer algum como um homem de sorte, no entanto, o outro será considerado como um homem desafortunado; mas estou convencido de que a causa da indiferença deve ser encontrada na mente. Alguns têm ideia do sucesso e da feliz realização que atua como centro ao redor do qual giram seus pensamentos, conscientes e subconscientes, enquanto outros têm uma ideia fixa de temor ao fracasso ao redor do qual seus pensamentos giram continuamente.

Um é fortalecido e inspirado para a realização bem-sucedida, enquanto os esforços do outro estão minados e suas energias debilitadas por uma ideia oculta de temor ao fracasso e à ruína.

Agora, ainda que seja certo que um tenha nascido com um tipo de mente que leva facilmente ao sucesso, o outro pode ter herdado um tipo de mente com inclinação ao fracasso, não se deve aceitar necessariamente que este último deva continuar sempre sendo um fracassado. Seu tipo de mente pode mudar.

Para isso, ninguém deve registrar-se como paciente de algum especialista ou de um simples médico; havemos de fazê-lo nós mesmos, mudando nossos pensamentos.

O que muda seus pensamentos, gradualmente transforma sua ideia fixa de fracasso numa ideia de sucesso.

A atitude da mente é assim modificada e os pensamentos são preparados para fluírem numa nova direção.

Com o tempo, isso muda o homem todo, de modo tal que sobe à superfície como a cortiça fundida na água, quando solta, e, em vez de ir ao fundo como uma pedra, chega ao que aspirava como ápice em sua profissão ou ofício, em vez de precipitar-se ao abismo do fracasso.

Há um enorme lugar no alto, a razão é por que são poucos os que utilizam a mente num sentido construtivo. Entretanto, podem converter-se em favorecidos os que usam a mente como instrumento criador e não com o único propósito de fazer um trabalho rotineiro.

Não se deve esquecer de que o verdadeiro sucesso está baseado no serviço. Só por nossa cooperação serviçal para com os demais podemos encontrar a verdadeira felicidade no mundo, e isso é, de fato, o verdadeiro sucesso.

O dinheiro e a fama não têm valor algum se não nos brindam felicidade e satisfação.

O serviço e a ajuda mútua dão-nos o mais verdadeiro e duradouro dos sucessos. Combinados com a eficiência, tornam-nos indispensáveis em nosso ramo ou função particular. Cedo ou tarde, a qualidade do caráter conta sua própria história.

Aqueles que se encobrem rapidamente, rindo-se de questões tais como o serviço, a integridade etc., geralmente caem mais tarde fundidos na ruína e na desonra. Portanto, nossos pensamentos não só devem ser de sucesso e feliz realização, mas também de serviço e ajuda.

Não devemos pensar muito em *o que conseguirei de benefício com isso* e sim *em quanto eu poderei ajudar*, porque todo sucesso sólido está baseado no grau de ajuda que prestamos à comunidade.

Enquanto mais serviçais somos, mais indispensáveis resultamos ao próximo, portanto, a recompensa, como regra geral, é maior. Além de tudo isso, subsiste o fato de que pensando em termos de sucesso e realização e mantendo ao mesmo tempo, consciência de abundância e prosperidade, atraímos tais coisas para nós.

A nossa mente é criadora até um grau nunca imaginado pela maioria. Nossos pensamentos podem atrair muitas coisas até nós, coisas afins a eles como: oportunidades para uma realização bem-sucedida e circunstâncias favoráveis ou, por um lado, de fracasso ou necessidade.

A causa interna do sucesso é, então, o estado da mente. Por tudo isso, em vez de deixá-la vagar por todos os lugares que lhe agrade, devemos prepará-la para pensar construtivamente. Enquanto outros empregam seu tempo livre em tolices, devemos, entretanto, utilizar a mente para que trabalhe em termos de relações positivas.

Podemos manter um ideal na mente de maneira contínua, ao redor do qual, girem os pensamentos natural e facilmente. Um pensamento construtivo como esse nos impulsiona a atuar e esforçar-nos, enquanto as demais pessoas desperdiçam seu tempo nos prazeres.

Não obstante, não é uma tarefa difícil e produz grande júbilo. Desperta nosso entusiasmo, ante o qual toda tarefa torna-se comparativamente fácil. Cedo ou tarde, justo quando estamos prontos para isso, a oportunidade se nos apresentará em nosso caminho, de forma tão segura como acontece ao nascer e ao pôr do sol. Esta lei é infalível. Quando estivermos prontos, a oportunidade aparecerá.

Ao encerrar este capítulo, devo fazer-lhes uma advertência. O sucesso tende a converter-nos em seu escravo, tornando-se nosso amo. Portanto, é importante que escolhamos, se for possível, a forma mais elevada do sucesso.

Geralmente, não temos ocasião de escolher, porque nossa ambição, por assim dizer, nasceu conosco. Lembro-me do caso de um pobre moço de um vilarejo, com instrução primária, que hoje é missionário, fato aparentemente impossível para uma pessoa nessa posição. Se ele escolheu sua vocação ou a vocação o escolheu, é coisa impossível de afirmar, mas qualquer que seja o caso, sua vida de incansável de trabalho, autossacrifício e serviço, ainda que para o mundo pareça irrisória, sofrendo febre e sujeito à pobreza, produz-lhe a mais plena satisfação.

Quem encontra no serviço, tratando de fazer do mundo um lugar melhor para os que vivem nele, alcança verdadeiro sucesso. Então, não importa que o sucesso se converta no seu amo ou ele em escravo, porque tal escravidão torna-se o maior dos prazeres e a maior das satisfações.

Estes são os tesouros que nenhum dinheiro pode comprar e que sempre escapam daqueles que querem adquiri-los por meio da riqueza e da fama.

CAPÍTULO VII

EFEITO DO PENSAMENTO
SOBRE A SAÚDE

Todo pensamento afeta nossa saúde muito mais do que geralmente se supõe. Ainda que certo que taras hereditárias, alimentos desvitalizados e um modo de viver pouco saudável desempenhem um rol muito importante, penso eu que o pensamento é o maior dos fatores.

Quando digo *"pensamento"*, incluo as emoções, porque são levantadas por nossos pensamentos e não obstante é possível evitar o despertar da energia emocional, preparando o pensamento para que trabalhe com outros temas diferentes dos sugeridos pelos desejos e impulsos primitivos.

Geralmente, em livros deste tipo, se diz ao leitor que ele deve deixar de pensar na doença, na falta de saúde, no mal-estar etc. e pensar, entretanto, na saúde, no vigor, na integridade física e nas coisas de estilo. Este é um bom conselho porque dar voltas sobre a doença e a má saúde cria uma condição mórbida, condizente com a enfermidade.

É importante pensar em si mesmo como um ser saudável, pleno, radiante, cheio de vida, prazer e energia. Uma imagem mental assim, só produz o bem. Por essa razão, o principiante pode dizer: *Tenho uma saúde radiante* e tratar de sentir-se assim e imaginar-se a si mesmo, mentalmente, como a imagem da perfeita saúde e vitalidade.

Fazendo isso, dará o primeiro passo rumo ao sucesso de uma saúde melhor. Ainda que seja bom de certo modo, não é de maneira alguma o método ideal, portanto, tão logo seja possível, deverá adotar métodos melhores.

Sobre este tema há muito a se dizer, pois a causa da má saúde ou da doença é muito profunda. Neste pequeno livro não se pode fazer um estudo profundo das causas subjacentes de toda enfermidade ou desordem, mas, sim, pode-se mencionar duas ou três que são fundamentais e de maior importância.

Primeiro, devemos compreender que a saúde é um estado de "normalidade", isto é, que é normal estar bem e anormal, não estar bem. Há três estados emocionais que nos roubam a saúde:

1) Sensualidade
2) Ressentimento
3) Ansiedade

Estes estados podem ser vencidos ou neutralizados, cultivando o hábito de desenvolver pensamentos de:

1) Pureza
2) Boa vontade (incluindo o perdão e saber ver o ponto de vista oposto)
3) Tranquilidade

Vamos analisar:

1) Ainda que os tratados médicos pareçam atribuir a maioria das enfermidades à sífilis e às taras sifilíticas, penso que uma das principais causas da falta de saúde, senão da enfermidade, é a impureza de pensamentos ou o deixar-se levar por pensamentos sensuais, de luxúria e outros similares.

Os males da conduta sexual são bastante graves, mas creio que os maus efeitos de ceder aos pensamentos sexuais e de amor fácil são igualmente danosos ou talvez mais.

O mal do ponto de vista da saúde, sem ter nada a ver com a moral, é que esses pensamentos geram "desejos", que, ao seu tempo, geram energia emocional. Esta energia deve ser reprimida e isso, provavelmente, é a causa de muitas desordens corpóreas.

O fato de reprimir ou conter todo desejo natural como algo mau ou sujo não é a melhor maneira de confrontar-se com as dificuldades. Geralmente, isso piora as coisas. O único modo perfeito é transcender esses assuntos.

Devemos raciocinar conosco, vendo que não há realmente nada na sensualidade, que é a maior das fraudes que existe; quanto ao mais elevado amor entre ambos os sexos, se não pode ser nosso, então temos coisas de maior importância.

Todo jovem sabe que é muito melhor levantar-se cedo, seja para fazer algum trabalho ou tomar banho, antes de ficar na cama pensando em coisas sexuais. Acaso não é melhor, também, para uma mulher levantar-se cedo e dedicar-se ao jardim ou a qualquer outro hobby que lhe interesse, em vez de permanecer na cama pensando em um amor que nunca será dela?

O mesmo ocorre com os pensamentos. Os vagabundos de nossa mente devem estender-se, devemos pensar mais além das coisas relacionadas com os sentidos e a emoção — não importa quão boas em suas formas mais elevadas possam ser — ocupando-nos das coisas maiores e amplas possíveis.

Seguramente, não é melhor pensar em cumes nevados, atos de heroísmo, vidas de sacrifício pelos demais, o grande Universo, as eternas verdades, o Grande Plano de Deus para o homem, nossas viagens siderais através do tempo e do espaço, que em coisas que despertam nossa emoção sexual, meros pensamentos amorosos ou desejos impossíveis de satisfazer? Sim, mil vezes melhor, não só desde um ponto de vista moral, intelectual e espiritual, mas também do ponto de vista da saúde.

Em lugar de reprimir os pensamentos de origem sexual, devemos pensar em coisas que estejam acima deles e os transcendam. Assim fazendo, transmutamos as coisas da vida nas forças intelectuais e espirituais. Em lugar de reprimir ou desgastar as forças da vida e nossa energia nervosa e emocional, a usaremos para algo superior. Assim, nos tornamos mais sãos e fortes e também mais nobres e grandes, tanto na mente como no caráter. Além do mais, conseguimos mais capacidade para resistir aos fatores adversos e ao mesmo tempo alcançar sucesso em nossos esforços.

2) Os pensamentos de bondade e perdão são ambos curativos e preventivos da doença. O ódio, a humilhação, o rancor, o alimentar adversidades e prejuízos, o manter pensamentos peçonhentos e de vingança, tudo isso destrói a saúde, assim como também o fazem a raiva, a ira, a paixão e os sentimentos similares.

Em lugar deles é possível cultivar pensamentos de benevolência, clemência, misericórdia e não resistência ao mal que nos fazem. Todos geram correntes curativas e também ajudam a manter afastadas as doenças e a má saúde, simplesmente porque assim nos colocamos em harmonia com o subjacente motivo da vida.

A maioria de nós, indubitavelmente, há muito tempo deixou para trás a etapa de odiar. Podemos, é certo, não ter desejos de injuriar ou odiar alguém, mas... Por acaso deixamos de lado nossas pequenas aversões e nossos ressentimentos? Provavelmente não. Talvez os tenhamos esquecido, todavia, jazem enterrados, sufocados nas cavernas de nossa mente, causando desarmonia, e logo se traduzirão no exterior como doença e transtorno.

3) Não cremos que nenhum médico poderá estar em desacordo conosco, quando declaramos que a preocupação, o esforço em vão, o mal-estar, a irritação, a ansiedade e os estados similares da mente são a causa subjacente ou, pelo menos, contribuem para muitas e graves enfermidades.

Muitos males graves produzem-se depois de um período de luta infrutuosa, ansiedade e suspense. Inclusive as enfermidades originadas pelo alcoolismo e por outros excessos são precipitadas pela ansiedade ou pelas preocupações.

A despeito dos excessos em que possam ocorrer, não há enfermidade que possa atacar tanto como fazem a presença do fracasso, um desgosto ou alguma ansiedade e preocupação.

Nesse momento fazem sua aparição. Também aqueles que, porém, não cometem nenhum excesso, sentem a aflição, apesar da sua sobriedade e seu controle.

O desespero e a angústia, a incerteza e a ansiedade que nos causa um filho problemático; a angústia e tremenda experiência emocional que nos produz uma esposa infiel que nos abandona, ou as intermináveis preocupações financeiras de um homem de negócios que atravessa momentos difíceis, tudo isso derruba o sistema nervoso, dissipa as forças e abre todo o sistema para a enfermidade.

Não pretendemos que, o que chamamos Ciência do Pensamento ou Pensar Correto, possa capacitar-nos a evitar todas as preocupações da vida, ainda que muitas sejam criadas por nós mesmos e, em alguns casos, são a colheita da nossa errônea semeadura do passado, mas podemos dizer que nos capacita a nos enfrentarmos com elas, de tal modo que não nos produzam tantos danos. E isso já é uma grande conquista.

Dois indivíduos podem encontrar-se com preocupações semelhantes e em igual quantidade; um deles as toma negativamente e as absorve. Como consequência, sente-se muito mal, infeliz e amargurado, tornando-se áspero. O outro atravessa as dificuldades sem que o prejudiquem e mais, elas suavizam e refinam o seu caráter.

O feito de ensinar às pessoas como enfrentar a vida para sair triunfante em todas as experiências é a parte mais importante do nosso trabalho. São poucos os médicos que não apreciam essa face do nosso labor, porque eles sabem que se um paciente pode descansar, relaxar, deixar-se estar e manter-se tranquilo nos momentos difíceis, sendo, ao mesmo tempo, confiado e positivo em mente e pensamento, se recobrará rapidamente e se salvará de ser afetado por algumas das muitas enfermidades que o homem tem propensão a adquirir quando diminui seu poder de resistência por uma causa qualquer.

Pensar corretamente é, de um modo diferente, um preventivo de enfermidades, assim como também um remédio, no sentido de que leva a mente a um estado de repouso e paz.

Fundamentalmente, a causa de todo desequilíbrio reside em nossa separação da Ordem Divina. Se pudéssemos, todos, nos colocar par a par com o Divino, não nos encontraríamos com nenhum sofrimento ou preocupação. A causa do nosso sofrimento reside em que não estamos em harmonia ou correspondência com a perfeita ordem Divina. Deus não nos castiga, somos nós mesmos que o fazemos, ou melhor, nosso mal mesmo nos castiga. O mal é nosso próprio castigo.

Estar separado da ordem Divina é o pior que pode nos acontecer. O filho pródigo não foi castigado por seu pai, mas recebeu o castigo em si mesmo ao ficar separado do lar paterno e ter vagado por distantes terras. Quando regressou, foi perdoado e tudo foi harmonia e prazer.

Visto na linguagem moderna, temos de deixar nossa vida de separação em pensamento, desejo, emoções e afeições, do Centro da nossa vida, que é ordem e harmonia, e tornarmo-nos uno com Ele. Quer dizer que, primeiro havemos de ter o desejo de fazê-lo e logo, devemos pôr todos os nossos pensamentos em alinhamento com a Divindade que mora no mais profundo do nosso coração.

Tais coisas, com certeza, seriam impossíveis de se fazer, não fosse pelo fato de que quem aspira, recebe ajuda do Céu mesmo. Todos os poderes da escuridão levantam-se para deter-nos, se podem, mas há Um que percorreu antes de nós o mesmo caminho, e que ao ser tentado de modo igual, conseguiu uma grande vitória. *Não sou eu, senão Cristo*, disse São Paulo, e esse é o segredo do sucesso no controle do pensamento.

CAPÍTULO VIII

O PODER DA ATRAÇÃO
DO PENSAMENTO

Existem dois provérbios muito antigos que são bem conhecidos e citados com frequência, mas cuja profunda importância psicológica talvez não seja plenamente apreciada. São eles: *Pássaros de igual plumagem voam juntos* e *Diga-me com quem andas e te direi quem és.*

A origem desta atração encontra-se em grande parte no pensamento do homem. Se temos pensamento de certo tipo, atrairemos pessoas de um tipo similar de pensamento.

Somos reunidos pelas forças invisíveis da atração. É certo que o caráter de nossos pensamentos, com o correr do tempo, fica impresso em nosso rosto, de tal modo que todo mundo pode ver se somos puros ou ruins; mas é, principalmente, o poder de atração do pensamento o que atrai gente para nós.

Nossos pensamentos não só atraem pessoas de mesma índole, mas também outros pensamentos de tipo similar, até oportunidades e circunstâncias.

A mente humana, ainda que num sentido possa ser chamada criadora, em outro é mais um receptáculo do pensamento que um gerador do mesmo.

Temos, por assim dizer, duas portas em nossa mente, uma aberta a uma corrente de pensamentos celestiais, bons, belos, enobrecedores, saudáveis e benéficos, e outra aberta a uma corrente de pensamentos indesejáveis, debilitantes e destrutivos.

É impossível ter ambas as portas abertas ao mesmo tempo. Quando temos pensamentos de pureza, integridade, caridade etc. — em outras palavras, pensamentos de caráter celestial — a porta do Céu e tudo que é formoso fica aberta, permitindo entrar um fluxo de pensamentos similares. Por tudo isso, a oração tem tanto valor.

A oração levanta o pensamento e concentra a atenção e também o coração e a afeição para o cérebro. Em resposta, retorna um fluxo ou refluxo de vida Divina, pensamentos e ideias do Divino. Aquele que persevera nesta prática, com o tempo, sofrerá uma mudança por este influxo Divino, como se estivesse dotado de uma mente celestial.

Então, a outra porta que conduz a tudo que é indesejável, fica cerrada para sempre. Durante a etapa de transição, a porta que deixa entrar a corrente dos maus pensamentos pode entreabrir-se, e então, somos conduzidos àquilo que conhecemos como tentações.

Se tratarmos de cerrar a porta e lutarmos contra essas forças atacantes, pensamentos ou sugestões do mal, veremos que a porta se abre mais. O único meio de encarar a situação de forma efetiva é elevar os pensamentos, a atenção e o coração ao Bem e à Realidade Celestial.

Quando nossa atenção é fixada nessa forma sobre a Realidade ou o Céu, Deus ou Cristo, a referida porta volta a fechar-se novamente. A única razão pela qual a porta se abre, é porque nossa atenção, no Bem e no Puro, se debilita de tempos em tempos.

O reflexo do Divino, não obstante, continuamente nos fortalece e modifica-nos, pelo que se vai acrescentando enormemente nossa possibilidade de manter nossos pensamentos em um plano celestial; e isso, por sua vez, mantém a outra porta efetivamente fechada.

O aspecto negativo é que se permitirmos que continue aberta a porta da fraqueza e do mal, a porta do Divino Bem fica cerrada. O Céu, apesar de suas boas intenções e desejos, não pode ajudar-nos se nossos pensamentos e nossa atenção ocupam-se de coisas inferiores.

Eis como podemos apreciar o valor da fé. Se elevarmos o coração e os pensamentos acima das preocupações, abrimos a porta da palavra celestial, que flui em nosso interior como uma inundação de nova vida, poder e bem, permitindo-nos vencer o referido estado. Mas, quando olhamos e moramos em nossas preocupações e aflições, a porta que conduz ao Céu permanece fechada, permitindo, assim, a entrada da corrente de pensamentos debilitantes e destrutivos. Portanto, rejeitando a atitude de abrigarmonos em nossas preocupações e dificuldades, olhando com fé o Céu e pensando na Divina Perfeição ou Realidade, ficamos liberados duplamente: primeiro, cerra-se a entrada da corrente de mal-estar espiritual, segundo, abrimo-nos a uma constante corrente de influências celestiais.

Não só atraímos para nós uma das duas correntes de pensamentos e influências já descritas, mas criamos, também, uma atmosfera de atração ou repulsão. Esta atmosfera, aura, ou magnetismo pessoal, atrai pessoas ou circunstâncias, ou as afasta.

Se dois homens, um com uma atmosfera atraente e o outro com uma que não é, estiverem a cargo de um pequeno negócio e lhes derem as mesmas oportunidades, o primeiro fará muito mais negócios do que o segundo, simplesmente porque saberá atrair a clientela, atendê-la amavelmente, aceitar suas recomendações e manter seu favor. Produzirá uma atmosfera viva onde o outro, com uma atmosfera de repulsão, fracassará.

O mesmo ocorre com qualquer profissão. Um médico, um advogado, um sacerdote podem atrair uma enormidade de pessoas se possuírem uma atmosfera atraente, no entanto, haverá poucos os seguindo se a atmosfera for repulsiva.

Para criar ou desenvolver uma atmosfera atraente, devemos sentir afeição para com os que nos rodeiam, nos sentiremos ansiosos por servi-los e ajudá-los e desenvolver pensamentos corretos. Não há necessidade de recorrer à adulação — certamente, isso deve ser evitado a todo custo —, entretanto, devemos nos lembrar de que enquanto nosso desejo de servir é sincero, não importa qual seja a nossa profissão ou posição, somos o ímã e os demais são atraídos para nós, não por compulsão ou contra sua vontade, mas pelo magnetismo da nossa bondade, nossa amizade e cordialidade.

Também devemos ter em nossa mente o conceito de que estamos atraindo os demais, não para servir nossos próprios fins egoístas, mas para acolhê-los amplamente e ajudá-los a ser felizes.

Um empresário de pompas fúnebres tinha uma simpatia tal que não havia quem pudesse competir com seu negócio. Sua simpatia atraía todos porque era REAL. Se fosse daqueles que se fazem passar pelo que não são, não conseguiria expressar sinceridade e teria sido posto de lado como enganador ou hipócrita.

Não procurava fazer negócio de sua simpatia, teria até odiado tal pensamento; simplesmente não podia evitar ser notavelmente simpático e isso acontecia, pois tinha grande coração, cheio de afeto, para todos os que se achavam oprimidos pela angústia e pelo desespero. Portanto, podemos atrair pessoas pelo simples fato de tentar ajudá-las a encontrar seu bem-estar. Se isso nos dá prosperidade, não podemos evitá-lo, mas nosso objetivo deve ser o de ajudar e servir.

Alguns leitores dirão que esse ensinamento é quase impossível de praticar. Afirmarão, e corretamente, que tão logo alguém começa a pensar com retidão e aspirar a coisas melhores, cai aparentemente sob uma invasão de todos os poderes do mal e parece até que as comportas do inferno foram abertas para prendê-lo sob seu deprimente fluxo, tornando assim impossível qualquer progresso.

Isto é bem certo, mas a questão tem outro aspecto. Aquele que aspira, recebe ajuda do alto. Cada vez que olhamos para cima, elevando os pensamentos para um plano superior, flui em nós uma corrente de vida e saúde, fortaleza e bênçãos. Não importa o quanto tenhamos sido tentados, receberemos muito mais forças de nosso Irmão Maior, o que vai superar o poder do mal que nos assalta.

A Grande Unidade está diante de nós, conquistando e vencendo, é Ele quem pode e nos ajuda em todo o nosso esforço para alcançarmos as coisas melhores e as mais elevadas. *Porque é maior Aquele que está em ti do que aquele que está no mundo.*

CAPÍTULO IX

O CONTROLE DO PENSAMENTO E O LOGRO DO ESPIRITUAL

Neste livro insisti demasiadamente, talvez, em alcançar o lado material; mas a principal razão deste procedimento é que nosso dever é servir à nossa época e à nossa geração e ser tão grande e útil no serviço como nos seja possível.

Não advogo pelo sucesso egoísta. Devemos ambicionar, não o quanto podemos conseguir, mas o quanto podemos dar, servindo e fazendo tudo o que possamos em favor do mundo. Portanto, o sucesso pelo qual advogo não é em absoluto fazer dinheiro ou conseguir uma posição de destaque. Quero significar a entrega de nossa vida à missão de servir ou a outras formas de sacrifício de nós mesmos e de devoção pelo semelhante. Não importa qual é a nossa profissão; o que interessa é o poder e o controle do pensamento.

Um jovem pode tornar-se missionário, apesar da oposição e do desalento, simplesmente porque sua mente é firme e seus pensamentos são dirigidos à meta que ambiciona. As aparentemente insuperáveis dificuldades serão vencidas, apenas pelo fato de haver dirigido e enfocado seus pensamentos até o objetivo desejado. Se a mente tivesse vacilado e desejasse vagar seus pensamentos, sua ambição nunca estaria satisfeita.

Devo registrar que se perseguimos o sucesso de todo coração, ele se converte, com o tempo, em nosso dono. No início veremos que o sucesso é como um pássaro assustadiço, evasivo e difícil de caçar. Faz-nos correr atrás dele, demandando-nos sempre o autossacrifício, e cada vez mais sacrifício, até que nos vemos embarcados em uma vida cheia de responsabilidades e de importância comparativa, da qual não podemos desertar nem renegar com decência. Então, encontramos o sucesso que, em vez de ser nosso servidor, converte-se em nosso amo e nos transforma em escravos. Por esse motivo, é importante que limitemos nossas ambições materiais.

Não há nenhuma razão, não obstante, para limitar nossa ambição espiritual, porque se temos sucesso em nossa busca por Deus, a único coisa que podemos esperar é o prazer, depois de já ter visto que o sucesso material só se converte em amo, e nós em seus escravos.

Não se aceita, geralmente, que possa ser alcançado um nível espiritual sem o controle do pensamento, que é o resultado do constante treino da mente.

O irmão Lourenço é um exemplo evidente disso. É um grande expoente da prática da "Presença de Deus". Este humilde servidor de Deus, trabalhando diariamente na cozinha do mosteiro, entre suas panelas e frigideiras, cozinhando e esfregando, descobriu que preparando seus pensamentos para que fluíssem continuamente a Deus, podia chegar a sentir permanentemente sua presença. Tão clara foi essa realização, que o irmão Lourenço comprovou que era muito mais consciente da Divina Presença enquanto esfregava as panelas e as frigideiras gordurosas do que quando ia à sua cela com o expresso propósito de entregar-se aos exercícios devocionais.

Este humilde irmão, que carecia de instrução livresca, chegou a ser um santo (ainda que não tenha sido chamado como tal) e mestre de muitos, pelo simples fato de dirigir seus pensamentos a Deus e perseverar na sua prática, a despeito da tendência do pensamento, a vaguear e não se concentrar.

Orar é possível para nós se possuímos certo grau de controle em nossos pensamentos. Temos de dirigir nossa atenção a Deus, pois ela constitui a escala pela qual nossos pensamentos ascendem a Deus.

O controle do pensamento consiste, realmente, em fixar a atenção em um dado objeto e tratar de mantê-la sobre ele. Todo tempo que fixamos nossa atenção em Deus, será um tempo dedicado à ascensão da escala que nos conduz ao alto.

Aqueles cujo poder de fixar a atenção e controlar os pensamentos é tão débil que chegam a crer que carecem completamente dele, devem repetir suas pregações. Isso não é tão bom como orar com todo fervor, mas é começar e dar o primeiro passo na direção correta.

Aquele que diz e repete suas orações, dia e noite, possui um laço de conexão com o Céu que não se encontra nos que não tentam. Orar e dirigir seus pensamentos a Deus é, realmente, algo muito diferente. É algo muito grande, um exercício espiritual de grau muito elevado.

Não obstante, não é de fácil desempenho, porque enquanto o pensamento não está disciplinado, sua tendência é ficar vagando. As preocupações da vida ou as ambições desviam os pensamentos de modo que logo vemos que nos encontramos pensando em coisas materiais no lugar das espirituais.

Nossos pensamentos, é claro, devem ser trazidos, uma e outra vez, ao tema da nossa preferência até criarmos o hábito de concentrá-los, com o que será então, possível, a oração real.

Há muitos graus na oração real. Há a oração que suplica, a oração que louva e agradece, a oração de meditação e a oração de contemplação. As duas últimas são muito avançadas e são possíveis só quando se alcançou um grau muito desenvolvido no controle do pensamento.

Não é somente durante a oração, não obstante, quando se faz necessário o controle do pensamento para conseguir e desenvolver as faculdades e os poderes espirituais, já que o necessitamos tanto mais durante o dia, quando estamos ocupados com o lodo e a escória das coisas.

Também podemos imitar a experiência do irmão Lourenço, que descobriu que o trabalho que lhe desagradava, a partir do ponto de vista comum, converteu-se numa tarefa prazerosa graças à Divina Providência. Além do mais, tarefas que anteriormente lhe resultavam difíceis e além da sua capacidade, foram possíveis para ele, uma vez que aprendeu que o Senhor o ajudava com Sua presença.

Dirigindo nossos pensamentos e nossas aspirações, frequentemente para nossa íntima Divindade, somos, em grande medida, ajudados e fortalecidos. Além do mais, com o tempo, nosso trabalho, que podia aborrecer-nos por sua natureza, transforma-se e torna-se agradável pela realização do feito que se converteu num ato de serviço e amor a nossos semelhantes. Assim nos tornamos conscientes de um novo sentimento de comunidade e camaradagem.

Não estamos sozinhos, porque existe o Uno conosco, que está ajudando-nos a fazer da vida algo mais nobre, a transformarmo-nos em trabalhadores e servidores mais fiéis, capazes de fazer coisas que tenham um motivo mais elevado. O resultado de tudo isso é que construímos um caráter mais novo e refinado, que é eterno, porque o caráter nunca morre. Além do mais, convertemo-nos em criaturas inteiramente novas.

Podemos não ser religiosos, como se entende habitualmente, ou beatos, mas o fato é que nos tornamos mais nobres, mais sinceros, constituímos tipos mais afinados de mulheres e homens aos quais o mundo terá de dar-lhes graças.

A vida interna ou espiritual é verdadeiramente real. Dois indivíduos podem sentir o despertar espiritual e ser levados por este, desejar viver uma vida mais nobre e elevada. Um deles pode ter sucesso e o outro, talvez, depois de corajosa luta, voltar à vida de antes.

A razão é que o primeiro manteve acesa a chama da sua vida interior, enquanto o último deixou-a apagar.

O primeiro perseverou na verdadeira oração e em dirigir seus pensamentos a Deus, colocando-os continuamente em coisas melhores e mais elevadas; o outro, entretanto, tornou-se negligente em suas orações, não controlou os pensamentos, e por esse motivo sua vida espiritual enfraqueceu e morreu por falta de alimentos. Então, chegam-lhe as tentações e a batalha é tremenda para alguém que não foi fortalecido nas orações. Assim, retorna e entrega-se à antiga vida sem esperanças, simplesmente porque já vê que para ele não há possibilidade de fazer um esforço que o faça avançar. A culpa não é da tentação por ser demasiada forte, mas pelo fato de ele ter-se desconectado do Único Manancial do Infinito

Poder ao ter-se descuidado das orações e haver caído na falta de perseverança no controle dos pensamentos.

Temos de levar em consideração a importância de preparar o pensamento para afastá-lo das coisas indignas àquelas que são nobres, verdadeiras, belas e de real valor.

Pode surpreender a alguém o fato de que eu escreva livros e publique uma revista dedicando-me a este tema?

CAPÍTULO X

O MEIO DE CONQUISTAR O MEDO

O medo é, provavelmente, a causa de mais desventuras na vida, talvez muito mais do que podemos imaginar.

Uma espécie de proteção parece que ampara aqueles que não têm medo em absoluto. É um fato bem conhecido que um cão não ataca aquele que não sente medo dele.

Minha limitada experiência nos esportes diz que se alguém não tem medo, por mais ousado que seja, sairá sem nenhum arranhão.

É minha opinião, que os leões da cova onde jogaram Daniel, não lhe causaram dano algum porque ele não sentiu medo deles. O Senhor só precisou tirar-lhe por completo o medo para que Daniel ficasse protegido.

Provas como esta podem ser vistas entre os missionários. Quando se encontravam com tribos de canibais armados, sedentos de sangue, não sentiam medo em absoluto e avançavam desarmados ao que parecia uma morte certa, tão tranquilos como quem se encontra com um rebanho de ovelhas ou aguarda por uma reunião de paroquianos.

Em nenhum desses casos os missionários foram prejudicados. Além disso, a ausência do medo não é só uma proteção para desastres em momentos de perigo, frente a animais ferozes ou na presença de criminosos, mas também nos protege contra as infecções e os contágios.

Napoleão visitava os doentes atacados por uma epidemia para demonstrar aos demais que a enfermidade não podia atacar aqueles que não a receavam.

Tive oportunidade de conhecer pessoas que visitavam doentes atacados de varíola e outras doenças infecciosas nos hospitais dedicados a estas doenças, porém, os visitantes nunca se contagiaram, ainda que acostumados a se ajoelharem ao lado das camas e rogar pelos pacientes, inalando milhões de micróbios. A única salvaguarda eram seus pensamentos: recusavam a possibilidade de que os micróbios pudessem atacá-los e prejudicá-los; em outras palavras, confiavam em Deus, portanto, não sentiam medo em absoluto. Demonstravam a absoluta verdade do Salmo 91. Assim é como podemos ver, em certo sentido, que não são os micróbios a causa de que sejamos presas de uma doença epidêmica, mas que o fator decisivo é o pensamento que nos embarga.

Duas pessoas estão expostas à mesma infecção. Uma contrai a enfermidade; a outra não é afetada. Por quê?

Pode dizer-se que aquele que se salvou era mais robusto e forte? Não, nem sempre é assim, porque frequentemente o mais forte cai e o mais fraco não. Acrescente-se também, que aquele que não adoeceu possuía maior poder de resistência. Assim é, mas não é uma questão principalmente da mente? Aquele que tem uma mente mais positiva é o que permanece imune à enfermidade.

Aceitando a necessidade e o desejável, que é o fato de não sentir medo, como podemos vencer nossas falhas hereditárias?

A maioria de nós alimenta algum receio, porque ainda que sejamos intrépidos em certo sentido, há algumas coisas que tememos no fundo de nossa mente. Podemos ser fisicamente valentes e, não obstante, ter medo de nossos negócios, profissão ou emprego.

O esquálido espectro da desocupação, da bancarrota, do fracasso no propósito de fazer o bem, pode perseguir-nos dia e noite. Por outro lado, podemos ser indivíduos que não teme certas coisas, mas podemos ter medo de doenças, de infecções de contágios, de correntes de micróbios no ar etc., de tal modo que cada epidemia nos enche de apreensão e medo. Como então, esses temores devem ser vencidos? Exatamente da mesma forma como se acalma uma criança pequena que acorda durante a noite sentindo medo da escuridão.

Pode-se dizer primeiro: *Não há nada a temer.* Então, deve-se raciocinar com ele, mostrando-lhe que a casa é

86 | A Força da Mente e o Poder do Pensamento

a mesma, com ou sem luz, e que seu medo é só mental. E se isso não for suficiente, pode-se dizer: *Ficarei com você, pegarei na sua mão, assim saberá que não há com que se assustar e tudo está bem.*

Sentindo nossa presença com ele e tendo fé que nossa presença e poder vão protegê-lo, logo estará completamente adormecido. Portanto, devemos submetermo-nos ao mesmo tratamento. Somos criaturas muito complexas e realmente podemos arguir e raciocinar com nós mesmos. Devemos proceder da mesma forma como faríamos com uma criança. Antes de mais nada, diremos: *Nada há no Universo que possa causar-me medo.*

Não é um simples palavreado; é declarar a pura Verdade.

Não quero dizer com isso que sejamos tão fortes que podemos enfrentar e vencer todos os poderes do mal. O que quero dizer é que tendo-nos posto ao lado dos anjos, eles se puseram ao nosso lado também. Significa que nos alinhamos com a eterna harmonia do Universo, a Divina Ordem, que ninguém pode destruir e sobre a qual não há força de desordem que tenha poder algum. Quer dizer que atrás de nós está todo o poder das ocultas Forças Divinas, impelindo-nos para a gloriosa consumação desenhada e planejada por nós nas profundidades da Mente Divina e no Coração do Amor Infinito. Portanto, podemos usar as palavras de Eduardo Carpentier: *Todas as forças divinas impulsionam-me aceleradamente à consecução do meu eterno prazer.* Porque assim fazendo, podemos sentir e ver que é exatamente como se declarou; que há realmente forças divinas atrás de nós que nos impelem a seguir avançando para conquistar uma vida mais plena e rica, acercando-nos das coisas melhores e mais elevadas.

Se alguém considera que esta declaração é demasiada avançada ou fantástica para si, pode escolher tranquilamente palavras próprias que serão efetivas para o seu caso. Mas deve seguir-se o mesmo processo. É melhor usar, primeiro, o negativo e depois, o positivo.

Não obstante, como nosso imaginário filhinho que sentia medo da escuridão, podemos sentir a necessidade de algo mais. Ele queria que ficássemos ao seu lado, segurando sua mão; assim podia sentir e compreender que com nossa presença o protegíamos. Do mesmo modo, podemos invocar e realizar a Presença do Onipotente e Eterno.

Existe o Uno que conquistou o mundo e bateu todos os poderes do mal, que glorificou Sua humanidade e abriu a Senda para nós, por meio do seu próprio sacrifício, dizendo: *Nunca te abandonarei e sempre estarei contigo, ainda até o final.*

CAPÍTULO XI

NÃO HÁ QUE EXIGIR, SENÃO OBEDECER

É muito natural que o principiante que descobriu o imenso poder do pensamento creia que tudo o que tem a fazer é usá-lo conforme sua própria vontade. Talvez não haja erro maior do que este. Justamente por causa do seu poder e de seus enormes efeitos é tão importante que preparemos nosso pensamento para pô-lo em harmonia com as leis internas do Universo.

Cada um de nós é parte de um todo. Deus é nosso Pai ou Centro, e cada homem é nosso irmão. Devemos servirmo-nos mutuamente.

Até que realizemos isso, nos encontramos fora dessa harmonia que reina na vida e no Universo, não só em ação, mas também em pensamento; porque, se temos uma ideia errônea da vida, todos os nossos pensamentos deverão ser naturalmente errôneos.

Foi dito que podemos conquistar a natureza unicamente seguindo suas leis. É igualmente certo que podemos conquistar a vida só pela obediência às leis da vida.

Se não pensamos em harmonia com o motivo da vida, convertemo-nos em manchas ulcerosas sobre o corpo Cósmico. Quando nos convertemos em irmãos da humanidade, vivendo em harmonia com as leis da vida e com o grande esquema de todas as coisas, poderemos experimentar a harmonia dentro de nós mesmos e somente então a nossa vida, no mais elevado sentido da palavra, alcançará seu fim verdadeiramente.

É possível ter exigências para com a vida e conseguir o que se pede. Isso nos conduz à realização, mas somente se consegue isso a custo de duro trabalho e sacrifício. Todos nós devemos pagar pelo que obtemos. Aqueles que não querem pagar, ainda não estão em condição de receber. Por esse motivo, o sucesso das coisas exige tanto de nosso caráter — paciência, perseverança, firmeza, sacrifício, que chegam a ser verdadeiros construtores de nosso caráter.

Manter o sucesso e permanecer sem mácula exige muito mais de nosso caráter do que o que nos exigiu o sucesso. Mas todo sucesso que tenha sido alcançado na vida com um propósito egoísta, sem nenhum pensamento para os demais, sem nenhum pensamento para Deus, não nos produzirá nem harmonia nem felicidade. Nenhuma felicidade, paz ou harmonia pode resultar de exigências egoístas para com a vida. É certo que há uma época de nossa vida em que todas as coisas parecem estar ao alcance das nossas mãos e sentimo-nos donos do nosso destino e capitães da nossa alma. Isso pode ser um incentivo que nos alenta a buscar a realização e a conquista e nos faça enfrentarmo-nos com experiências que nos sirvam de preparo para coisas ainda maiores.

Tudo isso é bom enquanto segue assim, e pode ser uma fase muito necessária para nossa vida, porém, mais tarde ou mais cedo seremos conscientes de que, ainda que num sentido, podemos ser donos do nosso destino, já que podemos escolher entre o bem e o mal. Não obstante, durante todo o tempo há uma Divindade que esboçou nossos fins, ainda que sem deixar as asperezas, para que nós o consigamos.

Existe uma harmonia interna para a qual devemos corresponder. Pertencemos ao todo, no qual temos um lugar e dele somos parte. Podemos nos colocar em harmonia com esse Todo, convertendo-nos em indivíduos menos egoístas e mais universais. Em outras palavras, devemos amar a Deus e amar nossos semelhantes.

Em lugar de forçar nossa vontade frente à vida, em lugar de fazer que sejamos o centro ao redor do qual tudo deve girar, em lugar de exigir e obrigar, se desejamos encontrar felicidade real e satisfação real, devemos amar e servir a Deus e ao homem, à vida e ao mundo, e este é o modo de estarmos em harmonia com o Todo.

A lei interna da vida é o amor, mas é melhor considerá-la como cooperação. No grau em que pensemos, atuemos, trabalhemos e sintamos de acordo com esta lei, encontraremos verdadeira felicidade, paz, satisfação e coisas que são mais preciosas do que os rubis e que não há fortuna na Terra que possa comprá-las.

Vejamos, então, por que devemos prepararmo-nos para ter pensamentos de boa vontade em vez de ódio ou ressentimento; de cooperação e não de aquisição egoísta; de serviço, mais do que conquista pessoal. Somente assim nos converteremos em irmãos da humanidade e poderemos entrar em correspondência ou em um estado de unidade com a harmonia interna que é a Divindade.

Vivemos em um Universo onde reina a ordem, porque atrás da desordem existente na superfície da vida está a interna Ordem Divina, que pode ser expressa externamente por todos os homens que se põem em harmonia com ela. Mas o "**eu**" se levanta no caminho.

O amor, a cooperação, a boa vontade são a chave com a qual o homem pode abrir a porta que o conduz à harmonia interna e à ordem interna; aquele que a consegue pode facilitar a seus irmãos a maneira de consegui-la também.

Existe uma psicologia que está sendo ensinada atualmente, sobretudo, na América, que é perniciosa e destrutiva. Ensina o uso errôneo da mente por meio da sugestão. A mente e a vontade são usadas para obrigar os demais a "atuar" conforme o desejo do "operador".

Por exemplo, um vendedor deseja ter autorização do chefe para comprar determinado aparelho. Enquanto o chefe está estudando o assunto, o vendedor exercita uma forte sugestão mental para que este lhe confirme a ordem. A menos que o comprador tenha conhecimento, será compelido a atuar contra, talvez, do seu bom senso e da sua vontade.

Esta prática de coerção mental é realmente criminosa; ainda que no momento presente não seja legalmente assim considerada. É praticada de muitos e variados modos, mas quem sofre mais é o que usa esse método e não sua vítima. Nêmeses vigia todo aquele que usa mal o poder da mente.

Não podemos nunca atuar contrário às leis da vida, sem sofrermos duramente por causa disso.

A má prática do poder mental que descrevi, opõe-se completamente à lei interna de cooperação, antes abordada, portanto, traz consigo desordem e sofrimento.

CAPÍTULO XII

PRIMEIROS PASSOS

Quem menosprezou as pequenas coisas do dia?
Zacarias, IV, 10.

Não podemos, de repente, convertermo-nos em adeptos do pensar correto e do controle do pensamento. Todos nós temos de ir crescendo, pouco a pouco, começando com o esforço inicial e tratando de conseguir fortaleza e altura. Em outras palavras, todos nós devemos começar de modo aparentemente pequeno e humilde. Digo "aparentemente" a propósito, porque parece ser algo insignificante o fato de ter deliberadamente pensamentos opostos em caráter àqueles que nossos sentimentos ou nossa natureza inferior desejam pensar. Não obstante, é uma grande tarefa, e se tivermos sucesso, uma grande realização.

Poderá parecer algo sem importância que tenhamos pensamentos de boa vontade a respeito de alguém que nos injuriou ou nos transtornou com sua atitude, mas é, realmente, algo tremendo e de eterna importância.

Se dermos curso meramente à nossa natureza terrena, nos colocaremos par a par com os animais, aliando-nos com mortalidade, decadência e morte. Mas se tivermos pensamentos de bondade deliberadamente, começaremos a percorrer o caminho da libertação e da liberdade, que não tem fim, e alcança até as estrelas.

Pode parecer algo sem importância pensar deliberadamente sobre o puro e o nobre em lugar de ter pensamentos de sensualidade; não obstante, é, realmente, um grande labor, pois os pensamentos dessa última classe são a raiz principal da infelicidade, da debilidade e o medo do homem.

Apesar de parecer tolice ter pensamentos de firmeza e conquista na luta diante de uma aparente fraqueza ou fracasso, não é, já que o sucesso em nossa vida, em grande medida, depende deles.

Pode parecer uma insignificância pensar deliberadamente em Deus e nas coisas eternas em lugar de ter pensamentos acerca da mortalidade e das coisas temporais; mas é de suma importância fazê-lo, pois somente assim poderemos entrar na vida eterna, tornando-nos Uno com Aquele que não conhece nenhuma decadência.

Pode parecer sem importância o fato de pensar deliberadamente em nossa união e unidade com a Origem de toda Luz e Vida em lugar de considerar-nos separados e sós; mas também é uma questão importante, porque, por meio dela conseguimos a realização da Verdade.

Pode parecer uma insignificância pensar deliberadamente em coisas relativas à saúde, à plenitude e ao prazer de viver, em lugar de pensar continuamente no que está relacionado ao mal-estar, à doença e à morte; mas o resultado de tal modo de pensar vai muito mais longe, porque dele depende nossa saúde, e temos de nos lembrar de que sem saúde é muito pouco o que podemos realizar.

Ainda que seja certo que empreendemos uma grande aventura, temos de começar com as coisas pequenas, satisfazendo-nos com os pequenos resultados. Isto é, satisfazendo-nos de certa forma, não de outra.

Temos de nos conformar, a princípio, em conseguir pequenas vitórias, simplesmente porque nos é impossível ter grandes sucessos; mesmo que no fundo do nosso coração ansiemos pelas grandes conquistas e tenhamos o propósito de realizá-las, uma vez que nos tenhamos fortalecido suficientemente.

Nossa parte melhor é eterna e celestial e é nutrida pelo pensar com retidão e harmonia com as leis e as práticas do céu; esse é o começo dos nossos esforços, por assim dizer, como um bebê indefeso.

Nossa parte inferior, que é "natural" (pertence à natureza inferior), é forte e bem desenvolvida. Como poderá então, o pequeno bebê, de natureza bondosa e celestial, vencer o forte tirano inferior? Não poderia fazê-lo por si só. Fracassaria se não fosse pelo fato de que pode beber das fontes inesgotáveis da vida e do poder.

98 | A Força da Mente e o Poder do Pensamento

Cada vez que elevamos nosso pensamento sobre as coisas do tempo e dos sentidos até o reino eterno do bem, do belo e do verdadeiro, abrimos nosso coração para receber o influxo da vida e do poder Divino. Cada vez que temos pensamentos celestiais e de força em lugar daqueles que envilecem ou debilitam, aliamo-nos com o celestial e, então, todas as Divinas Forças nos impulsionam e nos ajudam.

Portanto, ainda que a natureza nova e celestial seja débil e a velha natureza forte, a primeira ganha com o correr do tempo, mas temos de ser perseverantes e fortes, elevando nossos pensamentos às melhores coisas, mantendo os mais selecionados pensamentos que for possível, apesar da pressão que fazem os hábitos velhos de pensar nas coisas mesquinhas e baixas.

Finalmente, a nova natureza, por assim dizer, absorverá a velha natureza, mas isso é motivo para mantermonos firmemente ao longo de uma luta de quartel.

Chamamos pensar correto, não apenas o fato de ter pensamentos positivos em oposição aos negativos. O pensar correto tem diferentes significados para os diferentes indivíduos. Para o principiante, consiste em pensar coisas positivas em vez de negativas e, ao mesmo tempo, pedir ajuda ao Céu. O pensamento negativo e seu correspondente oposto positivo são os polos negativo e positivo da mesma coisa. Podemos viver em cada um dos extremos, de acordo com nossos pensamentos.

No quadro a seguir, encontra-se uma série negativa de pensamentos e a contrapartida positiva. Tenho esperança de que possa servir como chave àqueles que no futuro desejem alcançar o pensamento correto e a capacidade de vencer.

NEGATIVO:

- A vida é má e cruel.
- Que coisa terrível.
- Que mal poderia ocorrer-me a qualquer momento?
- O fracasso.
- A falência.
- A perda do meu emprego.
- Ir parar num hospício.
- Uma doença.
- Acidentes.
- Uma intervenção cirúrgica.
- Ficar num hospital internado.
- Ficar desamparado.

POSITIVO:

- A vida é boa e sempre se esforça em brindar-me com o mais elevado bem.
- Nenhum mal pode alcançar-me.
- Nada pode prejudicar-me ou destruir.
- A bênção Divina acompanha-me em todos os meus assuntos.

- A bênção me torna rico e não deixa que chegue até mim mais uma aflição.
- A vida de Deus preenche-me de saúde, fortaleza e alegria de viver.

Se alguém sentar-se para meditar sobre a série de pensamentos negativos, sobretudo, se encontrar-se aborrecido por uma aflição de primeira classe, o resultado será o incremento de seu temor e, no melhor dos casos, não sairá da depressão.

Entretanto, porém, se meditar e se estabelecer nas frases dadas na coluna dos pensamentos positivos, verá como elas o fortalecem e o prepara para seguir a luta pela vida.

Não é só isso, pois os que permitem que sua atenção seja tomada pela série negativa e que sua mente se submirja nela, aceitarão a sugestão adversa, que, a seu tempo, manifestará o temido.

Entretanto, se alguém se firmar sobre os pensamentos positivos, deixará fora a sugestão negativa e a Verdade, duradoura da vida, ocupará seu lugar.

Aquele que conseguir agir dessa forma, vai se tornar forte e firme, e as coisas que afirma no positivo, com o correr do tempo, vão se cristalizar em sua vida e experiência.

Cada dia, você deve dedicar-se certo tempo, de forma tranquila (os melhores momentos são à noite e pela manhã), para meditar sobre os pensamentos positivos dados e sobre outros semelhantes que lhe agradem. Mas também, durante o dia, é necessário afastar a sugestão adversa e atuar rapidamente.

O tempo dedicado à meditação deve ser suficientemente longo para que possa ser-nos útil em meio à luta e às lágrimas do viver diário. Necessitamos ter a capacidade de poder dar a tempo um golpe sobre a cabeça da sugestão negativa e substituí-la pela declaração positiva da absoluta Verdade.

A seguir, podemos encontrar várias sugestões do mal com sua contraparte:

SUGESTÕES DO MAL:

- Mal-estar, enfermidade, saúde.
- Pobreza, penúrias.
- Fracasso.
- Ódio, ressentimento.

AFIRMAÇÕES DA VERDADE:

- Deus é minha saúde.
- Deus é minha provisão abundante e imperecedoura.
- Deus é o meu sucesso (ou Deus é em mim o poder de lograr a realização do meu objetivo).
- Deus é amor em mim (mudando e expressando-se através de mim.).

Não é exagero dizer que alguém que ponha em prática este ensinamento, transformará sua vida, surgindo nele o melhor que tem.

Se a vida é difícil e o ambiente depressivo, não adaptável ao modo de ser, não é isso o que devemos mudar. O pior que pode suplicar o homem é que sua vida se torne mais fácil e cômoda.

Aquele que diz: *somente se as circunstâncias que me rodeiam fossem diferentes, poderia eu progredir,* perpetua sua miséria e fica mais atado às correntes que selarão sua escravidão.

Nunca devemos rogar para ter uma tarefa à altura de nossas forças, mas sim ter forças para enfrentar as tarefas que se nos apresentam.

Somos nós que devemos mudar e não nossas circunstâncias.

Temos de vencer as circunstâncias e limitações, crescendo acima delas.

Quando mudamos, mudam nossas circunstâncias e nossos ambientes.

Podemos construir nosso caráter conforme o que for alcançado na conquista dos nossos pensamentos.